AF349819

1911 Juin 13

VENTE

Du Mardi 13 Juin 1911

HOTEL DROUOT, SALLE Nº 2

A 2 HEURES

708   Chambre des Commissaires-Priseurs
Envoi à la Bibliothèque Nationale

SUCCESSION DE MONSIEUR A.-H. S...

BEAU MOBILIER

DE STYLE

RÉGENCE, LOUIS XV ET LOUIS XVI

COMMISSAIRE-PRISEUR

Mᵉ F. LAIR-DUBREUIL

CATALOGUE

D'UN

BEAU MOBILIER

DE STYLE

RÉGENCE, LOUIS XV ET LOUIS XVI

Salle à manger en chêne clair garnie de bronzes
Chambres à coucher de style Louis XVI
en acajou ciré et en bois laqué, Bureau à cylindre
Bibliothèque, Commodes, Vitrines
Tables, etc., en marqueterie de bois ornés de bronzes
Paravent en tapisserie
Chaise longue, Canapés et Sièges variés en bois doré
garnis en soie

BRONZES D'ART ET D'AMEUBLEMENT

Groupes, Bustes, Garnitures de cheminées, Chenets,
Lustres, Suspension, Appliques

MARBRES

TABLEAUX, GRAVURES ANGLAISES

PORCELAINES — ORFÈVRERIE — OBJETS VARIÉS

RIDEAUX ET BRISE-BISE EN TULLE ET TOILES BRODÉS
SERVICES DE TABLE ET DE VERRERIE, TAPIS, ETC.

Dont la Vente aux Enchères publiques aura lieu

APRÈS DÉCÈS DE MONSIEUR A.-H. S...

HOTEL DROUOT, SALLE N° 2
LE MARDI 13 JUIN 1911
A DEUX HEURES

COMMISSAIRE-PRISEUR, Me **F. LAIR-DUBREUIL**, 6, rue Favart

EXPOSITION PUBLIQUE
Le Lundi 12 Juin 1911, de 1 heure 1/2 à 6 heures

CONDITIONS DE LA VENTE

Elle sera faite au comptant.

Les adjudicataires paieront *dix pour cent* en sus des enchères.

L'exposition mettant le public à même de se rendre compte de l'état et de la nature des objets, aucune réclamation ne sera admise une fois l'adjudication prononcée.

Paris. — Imp. de l'Art, Ch. Berger, 41, rue de la Victoire.

DÉSIGNATION

TABLEAUX
GRAVURES

ANDREI

1 — *Portrait de Gentilhomme.*

ÉCOLE FRANÇAISE (xviiiᵉ siècle)

2-3 — *L'Été et l'Automne.*
Deux figures allégoriques faisant pendants.
Cadres anciens.

ÉCOLE MODERNE

4-5 — *Paysages avec figures et animaux.*
Deux pendants.

FALIANY

6-7 — *Ports de mer.*
Deux pendants.

LAWRENCE

8 — *Prunes, groseilles et vase en cuivre.*

9 — *Cerises, prunes, citrons et vase en cuivre.*
Deux pendants.

MAILLARD (Émile)

10 — *Barques de pêche en pleine mer.*

TRUMMER

11 — *Vue de Venise.*

12 — Gravure anglaise en couleur : *Horse Racing.*

LE VACHER (D'après Carle et Horace Vernet)

13 — *Deuxième et troisième suite de chevaux.*
Deux gravures en noir.

WARD (D'après Morland)

14 — *A visit to the Childs at Nurse.*

15 — *A visit to the Boarding School.*
Deux belles gravures en couleurs.

PORCELAINES, ORFÈVRERIE

16 — Paire de petits vases en porcelaine gros
bleu, montés en bronze.

17 — Pot cylindrique en porcelaine de Chine,
monture et couvercle en vermeil ciselé.

18 — Coupe couverte en porcelaine d'Allemagne,
sur quatre pieds à volutes et coquilles.

19 — Porte-burettes en porcelaine de Saxe au
point, décor à fleurs orné de deux porte-bou-
quets en vermeil.

20 — Encrier en porcelaine de Saxe, à décor
d'oiseaux et d'insectes, monture en vermeil
ciselé, de la *Maison Risler et Carré*.

21 — Flambeau en ancienne porcelaine de Saxe,
décor de fleurs et de branchages en relief.

22 — Morceau de quartz, monté en argent
anglais.

23 — Deux coupes sur piédouche en argent.

24 — Flacon à thé en argent repoussé, modèle
Louis XV.

25 — Jardinière forme corbeille, en argent, modèle Louis XVI, à guirlandes de feuillage et nœuds de rubans.

26 — Seau-jardinière en argent découpé, à quadrillé et guirlandes de feuillages, anses à têtes de béliers.

27 — Petite boîte carrée en cristal, monture en argent émaillé.

28 — Paire de petits flambeaux-balustres en argent. Travail anglais.

29 — Paire de statuettes : Buveur et musicien, formés de coquillages montés en argent et ornés de pierres de couleur.

30 — Jardinière rectangulaire en argent ciselé, décorée de guirlandes de fleurs, style Louis XVI, intérieur en métal doré, de la *Maison Risler et Carré*.

31 — Cuvette et pot à eau en argent ciselé et repoussé, modèle Louis XV.

OBJETS VARIÉS

32 — Vase en cristal sur pied en bronze, formant veilleuse électrique.

33 — Buire en cristal taillé, ornée à serpent.

34 — Coffret en thuya et ornements de cuivre.

35 — Modèle de guéridon sur trois pieds, tablette en marbre bleu turquin.

36 — Modèle de guéridon en acajou Louis XVI, à galerie de cuivre.

BRONZES
D'ART ET D'AMEUBLEMENT
MARBRES

37 — Sonnette en bronze, à figure d'Alsacienne.

38 — Petite lanterne en bronze doré et cristal, à une lumière électrique.

39 — Paire de flambeaux en cuivre. Époque de la Restauration.

40 — Encrier en bronze, de même époque, sur socle en marbre jaune de Sienne.

41 — Paire de flambeaux forme colonnes à cha-
piteaux en bronze doré.

42 — Petit lustre en bronze doré, forme car-
quois, à quatre lumières électriques.

43 — Paire de girandoles à quatre lumières en
bronze doré, garnies de cristaux.

44 — Paire de petits candélabres à trois lumières en bronze argenté, de style Louis XVI.

45 — Paire d'appliques en bronze doré, de style
Louis XVI, à deux lumières électriques.

46 — Lustre en bronze ciselé doré, de style
Régence, à huit lumières électriques.

47 — Pendule en bronze doré à figure de femme
portant des fleurs et des fruits. Epoque Pre-
mier Empire.

48 — Paire de chenets à figures d'amour et de
fillette tenant des guirlandes de fleurs. Bronze
et bronze doré.

49 — Paire d'appliques à une lumière électrique
en bronze doré.

50 — Petit lustre en bronze et bronze doré, de
style Louis XVI, à quatre lumières électriques.

51 — Paire de candélabres à cinq lumières en bronze argenté, de style Louis XVI.

52 — Suspension de salle à manger en bronze doré, garnie de soie verte, disposée pour l'électricité.

53 — Paire d'appliques en bronze et bronze doré, à figures d'enfants engainés portant deux lumières. Style Louis XVI.

54 — Paire de grands chenets en bronze doré, à figures d'enfants frileux assis sur des rocailles.

55 — Statuette de satyre assis en bronze doré.

56 — Porte-pelle et pincettes en bronze doré.

57 — Pendule, formée d'une gaine en bronze doré supportant le cadran, et accostée de deux jeunes femmes en bronze implorant l'amour.

58 — Garniture de cheminée en marbre blanc, bronze et bronze doré, composée de : une pendule à figures d'amour et deux candélabres formés par des statuettes d'enfants portant quatre lumières. Style Louis XVI.

59 — Garniture de cheminée en bronze doré et marbre griotte, composée de : une pendule

surmontée d'un groupe de bacchantes d'après
CLODION ; et de deux vases formant candélabres
à sept lumières. De la *Maison Raingo*.

60 — Groupe en bronze à patine brune : Faune
et bacchante, d'après CLODION.

61 — Deux bustes de femmes Louis XVI en
bronze, sur piédouches en marbre.

62 — Groupe en bronze à patine brune : Faune
portant une bacchante, d'après CLODION.

63 — Groupe en bronze à patine brune : Jeune
faune assis, d'après CLODION.

64 — Paire de grands vases en marbre fleur de
pêcher, ornements en bronze ciselé et doré,
anses formées par des serpents.

65 — Paire de gaines à quatre faces en marbre,
fleurs de pêcher et ornements en bronze ciselé
et doré.

66 — Groupe en marbre vert d'Italie : l'Enlève-
ment de Proserpine, sur socle décoré d'un
bas-relief.

MEUBLES ET SIÈGES

67 — Porte-manteaux et parapluies en noyer sculpté.

68 — Vitrine à deux portes en bois verni.

69 — Petit guéridon rond en acajou et filets de bois rose, décoré de peintures à guirlandes de fleurs et attributs. Style anglais.

70 — Deux encoignures, formant étagères, en acajou, ornées de bronzes ciselés dorés ; tablettes à fond de glaces ; dessus en marbre. Style Louis XVI.

71 — Meuble-console en acajou, à moulures et ornements en bronze ciselé et doré, ouvrant à trois tiroirs ; les coins de forme arrondie sont à étagères à fond de glaces ; dessus de marbre blanc. Style Louis XVI.

72 — Petit paravent à trois feuilles en soie brochée à fleurs et festons, monture en bois doré, parties en glaces décorées de gouaches. Style Louis XV.

73 — Grand paravent à trois feuilles en tapisserie, représentant les Plaisirs champêtres,
monture en bois sculpté doré, modèle
Louis XV.

74 — Table à coiffer en bois de rose et marqueterie de bois de couleur, encadrements et ornements divers en bronze ciselé doré. Style
Louis XV.

75 — Table à quatre faces en acajou et bois d'é-
rable, ornée de bronzes ciselés dorés ; dessus
de marbre. Style Louis XVI.

76 — Table-vitrine en marqueterie de bois, ri-
chement ornée de bronzes ciselés dorés, de
style Régence ; intérieur gainé de soie rose.

77 — Vitrine en bois d'acajou ciré, ornée de
bronzes ciselés dorés ; elle ouvre à deux vantaux à glaces et est garnie intérieurement
de damas vert. Style Louis XVI.

78 — Table à quatre faces en bois sculpté doré,
de style Louis XVI, sur quatre pieds à en-
trejambe ; dessus de marbre.

79 — Commode en bois de rose et marqueterie de
bois, à décor de Chinois, ornements en bronze
doré ; dessus de marbre ; de style Régence.

Elle ouvre à deux tiroirs et deux vantaux
sur les côtés.

80 — Commode en bois de placage et marqueterie de bois, à sujet japonais dans un encadre-
ment de bronzes ciselés dorés; dessus de
marbre. Style Louis XV.

81 — Bureau, forme à cylindre, en marqueterie
de bois satiné, ornements en bronze ciselé
doré; dessus de marbre à galerie de cuivre.
Style Louis XVI.

82 — Bibliothèque en acajou et bois de rose,
ornée de bronzes ciselés dorés, ouvrant à
deux portes grillagées. Style Louis XVI.

83 — Meuble en marqueterie de bois de rose,
ouvrant à deux vantaux, et posant sur quatre
pieds cambrés, ornements en bronze ciselé
doré, style Louis XVI; dessus de marbre à
galerie de cuivre.

84 — Ameublement de salle à manger en chêne
clair ciré, garni de bronzes ciselés dorés;
composé de : un buffet-dressoir avec glace et
dessus de marbre, une vitrine à argenterie,
une table avec allonges et six chaises garnies
de canne.

85 — Ameublement de chambre à coucher en acajou ciré et ornements en bronze, style Louis XVI, composé de : un lit de milieu, une armoire à deux portes à glaces biseautées et une table de nuit.

86 — Commode en acajou ciré, de même modèle, ouvrant à quatre tiroirs.

87 — Glace en acajou, de même modèle.

88 — Ameublement de chambre à coucher en bois sculpté laqué blanc, de style Louis XVI, composé de : un lit de milieu, une armoire à glace, une commode et une table de nuit.

89 — Ameublement de chambre à coucher en noyer ciré, composé de : un lit de milieu, une armoire à glace, une table de nuit.

90 — Deux chaises-escabeaux en chêne sculpté.

91 — Banquette en bois sculpté doré, de style Louis XVI, couverte en soie brodée fond crème.

92 — Fauteuil, forme Dagobert, en noyer sculpté.

93 — Six chaines en bois laqué blanc, foncées de canne.

94 — Deux bergères en bois sculpté laqué blanc, style Louis XVI, garnies en étoffe brochée à rayures et fleurs.

95 — Quatre chaises variées en bois sculpté doré, garnies de canne.

96 — Deux fauteuils et deux chaises en bois sculpté doré, garnies en soie brochée fond crème, dessin à corbeilles de fleurs et guirlandes.

97 — Banquette en bois sculpté doré, de style Régence, garnie en brocart fond jaune.

98 — Chaise longue en bois sculpté doré, de style Louis XVI, garnie en soie brochée à palmes sur fond vert, avec coussin.

99 — Canapé en bois sculpté doré, de style Louis XVI, garni en soie crème brodée de festons, fleurs et feuillages.

100 — Canapé en bois sculpté doré, de style Louis XVI, garni en étoffe brochée à corbeilles de fleurs et festons sur fond rose.

101 — Fauteuil et deux chaises en bois sculpté doré, de style Louis XVI, garnis en même étoffe.

102 — Deux chaises en bois sculpté doré, à médaillons et guirlandes de roses, garnies de canne dorée, avec coussins et dossiers en soie brodée.

DIVERS

103 — Service de table en porcelaine décorée.

104 — Service de verrerie en cristal.

105 — Couverts en métal argenté.

106 — Rideaux en tulle brodé.

107 — Brise-bise en toile brodée.

108 — Tapis en moquette.

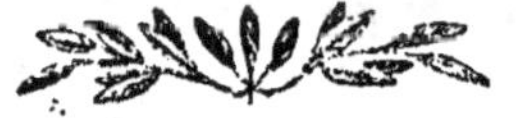

www.ingramcontent.com/pod-product-compliance
Lightning Source LLC
LaVergne TN
LVHW011015180726
843502LV00007B/2543